Otto Künnemann

Geheimnisvolles
LEIPZIG

Wartberg Verlag

Impressum

Dem Andenken meines Vaters gewidmet:
Otto Künnemann senior,
der mich noch beratend, während der Erstellung dieses Buches verstorben ist.

Historische Ansichten:
Archiv Güldemann, Archiv Künnemann

Fotonachweis:
Elise Künnemann (12)
Heide Künnemann (1)
Michael Weiß (77)
Lene-Voigt-Gesellschaft Leipzig (1)

Zeichnungen:
Otto Künnemann

Technische Bearbeitung:
Michael Weiß

1. Auflage 2003

Satz und Layout: Typographische Dienste U. Weiss, Borken (Hessen)
Druck: Bernecker Media, Melsungen
Buchbinderische Verarbeitung: Buchbinderei Büge, Celle

34281 Gudensberg-Gleichen, Im Wiesental 1
Tel.: (0 56 03) 9 30 50 • www.wartberg-verlag.de
ISBN: 3-8313-1350-4

De Krone dr Schepfungk

So manches Wunder biet' das Erdenlähm
was mächtich meine Dichterseele riehrt.
Doch schon Sophokles hat zugegähm,
dass dir, o Mensch, dr erschte Blatz gebiehrt.
De Krone awer – das sach ich unscheniert –
das is dr Mensch, den Leibzisch produziert!

Vors erschte is dr Leibzscher hellisch helle
un seine Seele die is edel, groß und weit.
Is Leibzscher Gind ergennsde off dr Stelle
an seiner Fiffig- un Gemiedlichgeit.
Dies Erbe zeicht vom Seigling bis zum Greise
ä jeder Leibzscher in frabbander Weise.

Wenn ärschend meeglich weeß'r zu genießen
un feixd iewer des Läbens Unverstand.
Durch Musen lässd'r s Dasein sich versießen,
die sinn, wie Geehde spricht, „wahlverwandt".
Engherzigkeed, die stimmt'n miss un triewe,
denn sei Bläsier, das is de Menschenliewe.

Eene von sein' vordeilhafd'n Seiten
is nich die, wenns preißisch kracht un schießt.
Nee, dr Fortschritt is' zu all'n Zeiten
dem er freidiglich sei Herz erschließt.
Den jungen Geimen wird er Hort un Hieder,
nischt is'n wie ä alder Zobb zewieder.

Gorzum; ä Menschenschlag is drin in Leibzisch
wie geh Draum vollgommner gann ihn dreimen
un meine Feder – nu die streibt sich,
misst'se iewer andre sowas reimen.
Da backd mich doch ä wonnigliches Schauern:
Ooch meine Wiege stand in Leibzischs Mauern!

Nach Edwin Bormann, leicht gekürzt

Vorwort

Edwin Bormann
(1851–1912)

Als einem, den es auch wonniglich schauert, da er Ur-Leipziger ist, war es für mich eine Freude, die Anregung des Verlages aufzunehmen und dieses Buch zu machen. Dabei hatte ich völlig freie Hand und auch meine Idee, uns auf dem Spaziergang durch dieses Buch von **Lene Voigt** und **Edwin Bormann** begleiten zu lassen, wurde gern akzeptiert. Leipzigs bekannteste Mundart-Dichter, also Lenchen und Edwin, werden sich kaum gesprochen, ja vermutlich nie gesehen haben. Aber: Es hätte sein können! Vom Lebensalter ausgehend, wäre ein gemeinsamer Stadtbummel des älteren Herrn mit dem netten, etwas naseweisen Mädchen (das ich so etwa 13-jährig gezeichnet habe) denkbar gewesen.

Lenchen und Edwin besuchen zumeist bedeutende Sehenswürdigkeiten der Stadt, wo es aber noch kleine, wenig bekannte, nicht selten geheimnisvolle Dinge gibt. Dass Leipzigs Neues Rathaus 1905 eröffnet wurde, sagt Ihnen jeder Stadtführer, dass aber ein Teil seines Turmes dem Spätmittelalter entstammt, ist kaum bekannt. Bachs berühmtes Denkmal steht natürlich an der Thomaskirche. Das weiß jedes Kind. Aber hätten Sie auch gewusst, dass genau dort vor hundert Jahren jemand ganz anderes stand? ... Die deutsche Hochseeflotte wird wohl ein Hamburger oder Bremer begründet haben!? – mitnichten: eine Leipziger Landratte!

Gruppenbild mit Dame, unser Team: die Fotografin Elise, meine 16-jährige Tochter und mein Freund Michael, links, Fotograf und technischer Bearbeiter

Lene Voigt
(1891–1962)

In diesen und über 40 weiteren Geschichten lesen Sie von Dingen, die ein Leipzig-Freund nicht unbedingt wissen muss, aber mit Sicherheit freut er sich, davon zu erfahren.

Ich danke herzlich meinen beiden tüchtigen Fotografen. Und großen Dank an Martina Güldemann, erfolgreiche Wartberg-Autorin, ohne deren Archivmaterial ich dieses Buch nicht hätte gestalten können.

Otto Künnemann

Jetzt geht's los, Lenchen, gomm, setz'n Hut off!
Ich frei' mich ooch, obwohl ich echendlich sachn muss:
Ich gennde mei ganzes Lähm verboofn, das liecht bei mir so in d'r Nadur.
Vom Drange zum Hubbn und Loofn finds'sch bei mir geene Spur.

Altes Rathaus – *entging dem Abriss*

Anlass-Postkarte zum Reichstreffen der Feuerwehren Leipzig, Juli 1913

Unglaublich, jedoch aktenkundig: Um 1900 sollte der prächtige Renaissancebau des **Alten Rathauses** der Spitzhacke zum Opfer fallen. Mit knapper Stimmenmehrheit entging das 1556 errichtete Haus dem Abriss. Das Meisterwerk des Ratsbaumeisters Hieronymus Lotter und seiner Mitarbeiter Widemann und Speck wurde generalüberholt und als Stadtgeschichtliches Museum 1911 wieder eröffnet. Und die Stadt Leipzig bekam ein großartiges Neues Rathaus, von dem gleich zu hören ist.

Vieles am und im Alten Rathaus ist bekannt, beispielsweise die längste Inschrift der Welt an einem Gebäude. Sie beginnt an der Nordwestecke und umläuft in Großbuchstaben auf etwa 220 m alle vier Gebäudeseiten. Oder auch die beiden schmucken Zierbrunnen aus dem Eingangsbereich.

Gusseiserne Gedenktafel an der Rückseite des Alten Rathauses für die beiden Leipziger Mundartdichter Edwin Bormann und Georg Bötticher (1849–1918)

Mit unseren Fotos möchten wir Ihnen jedoch weniger Bekanntes zeigen, wovon selbst Leipziger oft nichts wissen. Da ist dieses uralte so genannte Biforienfenster, angebracht am Südgiebel. Möglicherweise der Teil eines Vorgängerbaus. Und da gibt es noch zwei unauffällige Gedenktafeln. Sie zu zeigen sind wir schon unserem Edwin Bormann schuldig.

Das Alte Rathaus ist im Dezember 1943 schwer von Bomben beschädigt worden. Doch es war das erste Gebäude, das die Leipziger bereits 1946 wieder aufzubauen begannen.
Da wir gerade beim Bauen sind: Was meinen Sie, wie lange ursprünglich der Bau dieses Hauses dauerte? Weit, von Rochlitz her, mussten die Steine, der schöne rote Porphyrtuff, geholt werden. Nachts konnte man mangels Beleuchtung nicht bauen und der Sonntag war heilig. Brauchte man so 10 Jahre? Vielleicht 20 oder gar noch mehr…? Wir verraten es: **Neun Monate!!! Von Februar bis November 1556** – das, mit Verlaub, ist ein heute nicht mehr vorstellbares Bautempo.

Auf die Grimmaische Straße schaut der Engel, der die Linde schützt, den Baum, der Leipzig seinen Namen gegeben hat

Spätromanisches Rundbogenfenster am Rathausgiebel. Entstand um 1230

Gedenktafel an der Marktseite des Alten Rathauses für Robert Blum, den ermordeten Leipziger Abgeordneten zur Deutschen Nationalversammlung 1848

Stadtwappen auf blutgetränktem Boden

Altes Rathaus/Markt

Das Siegesdenkmal, errichtet von Rudolf Siemering i.J. 1888. 12 m hoch, 3,80 m misst die Germania. Sitzend: Wilhelm I., zu Pferde: Bismarck, Kronprinz Friedrich, Sachsenkönig Albert, Feldmarschall Graf Moltke

Fast genau einen Hektar groß hat man im 12. Jahrhundert Leipzigs Markt bemessen. Die vier Hauptstraßen der Stadt trafen sich hier. Und natürlich baute man das Rathaus am Markt. In seiner Mitte wurde einst das Schafott aufgestellt. Im Jahre 1824 fiel dort der letzte Kopf, der des Mörders Woyzeck, dem Georg Büchner mit seinem gleichnamigen Drama ein Denkmal setzte. Später nutzte man diesen Fleck friedvoller. Der Rat ließ 1845 auf blutgetränktem Boden das Stadtwappen als großflächiges farbiges Mosaik in das Pflaster einbringen. Kaum zu glauben – nicht alle Leipziger wissen etwas von dessen Existenz.

Noch bis zum Jahre 1891 gab es richtigen Markt, und die „Hökerweiber" verkauften unter großen Schirmen ihre Waren. Zu Messezeiten waren auf diesem zentralen Platz die begehrtesten Standorte für die Buden der Händler. Aus Platzmangel während dieser Messen kam es zu einer ganz besonderen Markt-Attraktion, einer unter Tage! Zur Frühjahrsmesse 1925 öffnete hier **das erste Untergrund-Messehaus der Welt.**
Einst zierte den Markt der Goldene Brunnen, der 1581 in edler Renaissanceform errichtet wurde. Leider hat man ihn 1826 abgebrochen. Es dauerte ein Menschenalter, bis die freie Marktfläche wieder ein Monument belebte: das Siegesdenkmal zum Deutsch-Französischen Krieg 1870/71. Das große, kunstvoll ausgeführte Monument wurde 1946 eingeschmolzen.

Das spektakulärste Ereignis, das der Markt in seiner Geschichte erlebte, wird wohl die Siegesparade nach der Völkerschlacht gewesen sein. Am Nachmittag des 19. Oktober 1813 wurde diese von den verbündeten Monarchen abgenommen, dem russischen Zaren Alexander, dem österreichischen Kaiser Franz I. und dem König von Preußen Friedrich Wilhelm III.

Heutige Ansicht des Marktes. Blick zum Eingangsbereich des Untergrundmessehauses und zum Alten Rathaus

Geheimnisvolles um Alt-Leipzig ist mit Sicherheit in einem der schmucken Läden unter den Rathaus-Arkaden zu finden, im Graphik-Antiquariat Koenitz. Der Inhaber präsentiert uns eine seltene Ansicht des Pleißemühlgrabens, mit nur einer der beiden Wasserkünste. Das Blatt entstand also vor 1670!

Neues Rathaus – mit uraltem Riesen

Das ist ein Kribbeln und Krabbeln – weit über tausend Leute arbeiten heute in der Verwaltung der Halbmillionenstadt Leipzig. Wo? – Natürlich im **Neuen Rathaus**, im Herzen der Stadt, in mehr als 600 Räumen. Gediegen wirkt alles, großzügig, leicht und freundlich; viel Bürotechnik, viel Elektronik – einfach modern ...
Moment, nicht alles! Von 1901 bis 1905 baute der begnadete Stadtbaudirektor Hugo Licht (1841–1923) an dem gewaltigen Komplex. Leider musste dem Rathausbau das historische Stadtschloss, die Pleißenburg, weichen. Das hat man natürlich auch begründet, es gab einfach keinen Raum mehr in der Leipziger Innenstadt. Oesers Zeichenakademie war dort platziert, auch das Observatorium, Kaserne ist die Pleißenburg gewesen und kurz vor dem Abbruch noch Gefangenenlager für Franzosen im Krieg 1870/71. Ab 1899 wütete die Spitzhacke. Ein Flügel nach dem anderen fiel, dann der Turm. – Halt! sagten hier die Baufachleute. Sein unterer Teil (auf dem Foto oben) war in so gutem Zustand, dass man befunden hat, der bleibt. Trotz des Alters, er entstammte der historischen Pleißenburg des 16. Jahrhunderts, stand die Tragfähigkeit außer Zweifel, und so konnte darauf jener gewaltige heutige Rathausturm entstehen. Mit 114 Metern ist er der höchste in Deutschland. Am 7.Oktober 1905 ist alles fertig gewesen.

Die attraktive „Neue Burg" heute, Sitz der Stadtverwaltung, funktionell, modern und zweckmäßig, auch nach 100 Jahren

Letzter Rest der Pleißenburg, mit dem erhaltenen Teil des Turmes

Majestät ließ es sich nicht nehmen: Unser letzter sächsischer König, Friedrich August III. („Macht eiern Dreck alleene" hat er übrigens nie gesagt), kam zur Schlüsselübergabe nach Leipzig. Selbstbewusst strahlte ihm von der mittleren Giebelwand des fertiggestellten Hauses entgegen: Arx nova surrexit – eine neue Burg hat sich erhoben.
Nicht sehr bekannt aber ist, was wir nun wissen, dass ein Teil von dieser Neuen Burg noch dem Spät-Mittelalter entstammt.

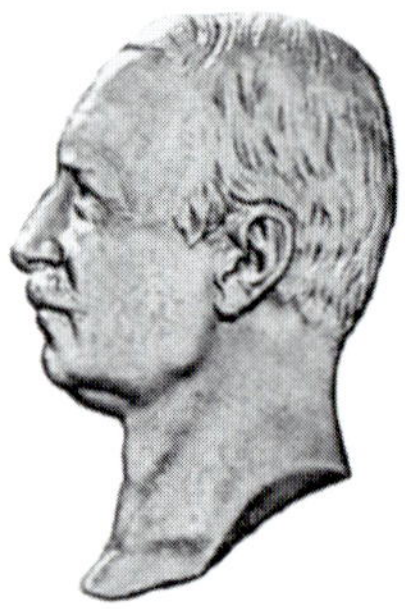

König Friedrich August III. (1865–1932) Regent von 1904 bis 1918

Vom Scheensdn schreibt der nüscht ...
Was meensdn du, Lenchen?
Da drinne gibt's ä Badernosder!

Ein Herz für Arme

Thüringer Hof

Ein ehrwürdig altes Gebäude – könnte man meinen – der **Thüringer Hof**. Der Schein trügt. Wenn auch historisches Beiwerk wieder an- und eingebaut wurde, dieses Haus ist erst wenige Jahre alt. Der uralte Vorgängerbau, dem 15. Jahrhundert entstammend, war Studentenburse und ab 1838 Gasthof mit Ausspanne. Er wurde komplett abgerissen und in vereinfachter Form wieder errichtet. Öfters hörte man in früherer Zeit den Vergleich mit dem Münchner Hofbräuhaus und zumeist gingen dort Studenten ein und aus.

Vater Grimpe – noch täglich dabei, erfreut an seiner Wirtschaft. Kein Wunder, bei so nettem Personal ...

Es handelte sich ursprünglich um einen dreiteiligen bewirtschafteten Gebäudekomplex, den eigentlichen Thüringer Hof in der Mitte, rechts ein Bürgerhaus der Renaissance und links, an der Ecke zum Sporergäßchen, das Pflugksche Freihaus, errichtet bereits 1428. Das hatte man im Jahr 1889 dazugekauft. Verwinkelt, verräuchert, urgemütlich war der Thüringer Hof und – preiswert. Der berühmteste Wirt ist ohne Zweifel Georg Grimpe gewesen, **„Vater Grimpe"**. 1877 hatte er den großen Gasthof, der sich seit 1851 in Familienbesitz befand, übernommen. Getreulich führte er eine Institution weiter, die seine Mutter ins Leben gerufen hatte und baute diese noch aus – eine tägliche Armenspeisung. Bis zu 100 Personen kamen pünktlich um zwei Uhr am Nachmittag, und ein jeder bekam Brot und Suppe oder Ragout.

Schön, dass man sich in dem neuen Haus mit dem ehrwürdig-alten Namen der Tradition verpflichtet fühlt und Vater Grimpes Büste ganz zentral dem Haupteingang gegenüber aufgestellt hat.

Eine kleine Sache am Rand, die jedoch für uns keineswegs unwichtig ist: Am 14. April 1851 erblickte hier im Haus Edwin Bormann das Licht seiner Leipziger Dichterwelt.

An althergebrachter Stelle, doch ganz neu aufgebaut: Der heutige Thüringer Hof. Im Bildvordergrund eine historische, wieder voll funktionstüchtige Handschwengelpumpe

Bildteil einer Ansichtskarte, geschrieben im Thüringer Hof am 12. Oktober 1896

Johann Sebastian Bach *in Leipzig dritte Wahl*

Das alte Bachdenkmal, gestiftet (und bezahlt!) von Felix Mendelssohn. Errichtet im Jahre 1843, gestaltet von C. Knaur. Im Vordergrund eine der wieder aufgestellten alten Gaslaternen, heute elektrisch betrieben. Sie gibt es in zwei Ausführungen, als Mast- oder Wandarmmontage

Es mutet an wie ein schlechter Witz, ist jedoch aktenkundig: **Bach ist für Leipzig dritte Wahl gewesen!** Nur weil zwei andere Musiker die neu zu besetzende Stelle des Thomaskantors ausschlugen, erhielt der Kammermusikdirektor der Fürsten von Anhalt-Dessau diese Stelle. Leipzigs Rat hatte von Bachs Genie keine Ahnung. 1723 trat er in den Dienst der Stadt Leipzig. In den 27 Jahren seines Wirkens in der Messestadt blieb sein Verhältnis zur Obrigkeit stets ein gespanntes.

Jahrelange Streitigkeiten um seine Befugnisse und Einkünfte wurden abgelöst von Differenzen mit den Kirchenoberen und den Thomas-Schulrektoren. Eine schwache Natur wäre wohl daran zerbrochen. Nicht so bei Bach. Eisern konnte er seine Ziele verfolgen und Schwierigkeiten aus der Welt schaffen. Seine pädagogischen Fähigkeiten, erworben bei der Erziehung und Ausbildung der Alumnen, seiner Thomasschüler, aber auch die Erfahrungen als geplagter Familienvater (20 Kinder!) werden nützlich für ihn gewesen sein.

Gegen Ende seines Lebens spielte Bach in der Leipziger Musikpflege keine bedeutende Rolle mehr. Der Zeitgeschmack hatte sich verändert – man wandte sich dem Locker-Leichten zu; Tagesgespräch in der Musik war um die Mitte des 18. Jahrhunderts die italienische Oper.
Der auf Grund einer missglückten Augenoperation erblindete Johann Sebastian Bach verstarb am 28. Juli 1750. Seine zweite Gemahlin und 10 ihn überlebende Kinder, teilten sich das Erbe.

Wiederum unglaublich, aber auch das ist eine Tatsache: Bach war bald schon so vergessen, dass kein Mensch mehr wusste, wo man ihn einmal beigesetzt hatte! Seine Grabstätte blieb bis 1894 verschollen und auch dann fand man sie nur zufällig wieder.
Siehe hierzu Seite 27.

Das neue Bachdenkmal.
2,45 Meter hohe Figur des Thomaskantors von Carl Ludwig Seffner, errichtet im Jahre 1908.
Die Kosten trug der Leipziger Bachverein, unter Beteiligung des Rates der Stadt Leipzig.
Bitte vergleichen Sie dieses Bild mit dem Foto auf Seite 19, oben.

Die Westansicht der Thomaskirche mit der Thomasschule. Das + kennzeichnet Bachs „Componierstube". Die alte Thomasschule wurde 1901 abgebrochen. Foto um 1885

In Leipzig wieder entdeckt

Johann Sebastian Bach

Johann Sebastian Bach (1685-1750)

Felix Mendelssohn-Bartholdy, dem Gründer des Leipziger Konservatoriums, der ersten Musikhochschule Sachsens im Jahre 1843, ist es zu verdanken, dass Johann Sebastian Bach wieder entdeckt wurde und in Leipzig zu neuen Ehren kam. Er war es, der die Renaissance Bach'scher Musik einleitete. So führte er im März 1829 die „Matthäuspassion" auf, die seit Bachs Tod nicht mehr erklungen war.

In Robert Schumann fand er einen Verbündeten, der ihn mit seiner „Allgemeinen musikalischen Zeitung" unterstützte. Und Mendelssohn ist es auch gewesen, der vehement die Ansicht vertrat, Bach müsse durch ein Denkmal gewürdigt werden. Dazu spielte er in den Jahren 1840 bis 1843 mit den Aufführungen Bach'scher Musik die notwendigen Mittel ein. Vor dem letzten dieser Konzerte am 23. April 1843 konnte dann das reizvolle Alte Bachdenkmal enthüllt werden.

Concert-Anzeige.

Der Unterzeichnete beabsichtigt, Donnerstag den 6. August Nachmittags um 6 Uhr in der Thomaskirche ein Orgel-Concert zu geben, worin er mehre der bedeutendsten Bach-Compositionen vortragen wird. Der Preis eines Billets ist 8 Gr.; die Einnahme ist zu Errichtung eines Denksteins für Johann Sebastian Bach in der Nähe seiner ehemaligen Wohnung, der Thomasschule, bestimmt.

Das Programm wird durch diese Blätter und die Anschlagzettel bekannt gemacht werden. Einlaßkarten sind in den Musikalienhandlungen der Herren Breitkopf & Härtel, Kistner und Hofmeister zu haben.

Felix Mendelssohn-Bartholdy.

„Leipziger Tageblatt" vom 31.7.1841

Dieses Denkmal ist zugleich Erinnerung an seinen Initiator, an Felix Mendelssohn-Bartholdy, der sich um die Leipziger Musikszene so verdient machte. Es erinnert an den Mann, dessen eigenes Denkmal auf Grund seiner jüdischen Abstammung von den Rassenfanatikern der NS-Zeit in einer Nacht- und Nebel-Aktion vernichtet wurde.

Felix Mendelssohn Bartholdy (1809–1847)

Das Mendelssohndenkmal vor dem Gewandhaus an der Beethovenstraße. Vernichtet durch SA-Horden im November 1936, entgegen dem Willen von Leipzigs OBM Goerdeler. Er legte daraufhin sein Amt nieder.
Das Gewandhaus wurde ein Opfer der Bomben.

Die 1886/87 umgestaltete Westseite der Thomaskirche mit der anstelle der Thomasschule neu errichteten Superintendentur, erbaut in den Jahren 1902/03. Foto 1907

Ich hab zwar nich vor'n Feng Ahnung, awwer ich weeß: „Nicht Bach - Meer sollte er heißen!"
Donnerwetter, Lenchen!

Auerbachs Keller

Mädlerpassage

Auerbachs Hof, koloriertes Foto um 1900. Nicht mehr vorstellbar, dass aus diesem Areal die elegante Mädlerpassage geworden ist.

Also, das ist einfach nicht vorstellbar: Wenn man in Leipzigs eleganter **Mädlerpassage** steht und gesagt bekommt, dass hier einmal ein offener Handelshof gewesen ist! Und das über Jahrhunderte.
Bis auf Dr. Heinrich Stromer aus Auerbach geht seine Geschichte zurück. Bereits um 1530 ließ der talentierte Mediziner, Leibarzt seines Landesherrn Herzog Georg, dort Wein ausschenken. Benannt wurde der Weinkeller nach Stromers Heimatort, Auerbach in der Oberpfalz; **Auerbachs Keller.** Stromers Keller wäre auch weniger passend gewesen.

Jeder weiß um den unvergänglichen Ruhm, den sich Auerbachs Keller dank Goethe erwerben konnte. Der junge Johann Wolfgang studierte von 1765 bis 1768 in der Messestadt. Seine Studien schlossen Leipzigs Weinwirtschaften (und Mädchen) ein – siehe auch Seite 28.

Die Mädlerpassage – der in den Jahren 1912–1914 überwölbte und völlig umgestaltete Auerbachs Hof. Der Leipziger Architekt Theodor Kösser schuf im Auftrag des Lederwarenfabrikanten Moritz Mädler dieses fünfgeschossige Passagen-Messehaus.

Und vielleicht hörte er dort von der uralten Faustsage. Nicht als erster, aber in einmaliger Großartigkeit verarbeitete er diesen Stoff literarisch.
Die Szene Faust, Mephisto und Studenten legte er in den ihm natürlich bestens bekannten Auerbachs Keller. Und das ist die einzige Örtlichkeit im gesamten „Faust", die Goethe exakt benennt! Darauf sind die Leipziger schon ein bisschen stolz.

Historische Ansichtskarte mit Hexenküche und Fassritt von 1896. Tausende Touristen kamen damals, nicht anders als heute, in den weltberühmten Auerbachs Keller.

Über Verkäufe und Vererbungen kam Auerbachs Hof um 1900 an den Unternehmer Moritz Mädler. Dieser ließ den historischen Handelshof, in dem einst August der Starke kaufte, zu einem großzügigen modernen Messepalast umgestalten. Ein Aufschrei ging durch Leipzig! Man war entsetzt – ablehnend – interessiert – begeistert! Liebevoll und schonend wurde auch Auerbachs Keller restauriert und dabei möglichst viel Historie belassen.
Ein Telegramm aus Goethes Heimatstadt Frankfurt an Leder-Mäder soll der allgemeinen Stimmung Ausdruck geben: „Gott segne jeden Koffer Dir!".

Die „Montagskirche“

St. Nikolai zu Leipzig

Eine kleine Stadt- und Pfarrkirche befand sich bereits im späten 12. Jahrhundert am Platz der heutigen Nikolaikirche. Nach gründlichem Umbau zu Beginn des 16. Jahrhunderts durch Benedikt Eisenberg und dem Bau des Turms unter Hieronymus Lotter (1555), entstand eine der für Leipzig typischen Hallenkirchen. Leipzigs Baudirektor Friedrich Karl Dauthe (1749–1816) gestaltete dann St. Nikolai in den Jahren von1785 bis 1796 zu einer Kirche im Zopfstil um, in der Gestalt, wie sie sich uns noch heute präsentiert.

Nikolaikirche und Gedenksäule auf dem Nikolaikirchhof. Enthüllt von Bundespräsident Johannes Rau am 9. 10. 1999

St. Nikolai stand, wohl Bachs und der Motetten wegen, immer etwas im Schatten der Thomaskirche. Das änderte sich aber grundlegend im Herbst des Jahres 1989. Besorgt um die Aufrüstung in der Welt traf sich montags die Gemeinde unter Leitung von Pfarrer Christian Führer schon seit Jahren zu einem Gebet für den Frieden. Daraus entwickelte sich eine Protestbewegung gegen das in der DDR herrschende System, die mehr und mehr Menschen ergriff. Trotz der Größe der Kirche konnte sie die Andersdenkenden gar nicht mehr alle aufnehmen. Der Nikolai-Kirchhof wurde einbezogen, dann der damalige Karl-Marx-, heute wieder Augustusplatz, schließlich der ganze Innenstadtring. Aus den Montagsgebeten waren die Montagsdemonstrationen geworden. Hunderttausende Leipziger beteiligten sich daran und leiteten damit den Sturz des DDR-Regimes ein. NIKOLAIKIRCHE ist zu einem Synonym für Freiheitswillen und Zivilcourage geworden.

Eine der „Montagskarten“, die der Autor 1989 zeichnete und auf DDR-Postkarten kopierte. Zu Hunderten wurden sie, mit wechselnden Motiven, montags verteilt.

Es war klar, dass Leipzig ein Mahnmal zur Erinnerung an den Herbst 1989 bekommen würde. Den Zuschlag erhielt der Leipziger Künstler Andreas Stötzner für seine Idee, eine Säule der Nikolaikirche zu kopieren. Zehn Jahre nach dem „Tag der Wende“, an dem zum ersten Mal aus etwa 70 000 Kehlen das trotzige WIR SIND DAS VOLK erklang, war sie fertiggestellt.

Auf dem Nikolaikirchhof, im Straßenpflaster des Protestes eingelassene Messingtafel zum Gedenken an den Tag der Wende, den großen 9. Oktober 1989. Tritte von Männer-, Frauen- und Kinderschuhen: Im „heißen Herbst“ 1989 war (fast) ganz Leipzig auf den Beinen.

Vom „Personeneinsteigschuppen"...

Leipzig Hauptbahnhof

1839: Der Personeneinsteigschuppen, der erste Dresdner Bahnhof. – Fahrbillets beim Portier!

Im Jahre 1866 wurde der Nachfolgebau eröffnet, der Dresdner Bahnhof, er war bis 1913 in Betrieb.

Als im Jahre 1833 der Schwabe **Friedrich List** das Konsulat der USA in Leipzig übernahm, brachte er die Idee an die Pleiße, „Ein sächsisches Eisenbahnsystem als Grundlage eines allgemeinen deutschen Eisenbahnsystems" aufzubauen. So der Titel seiner Denkschrift. Interesse bei Händlern und Industriellen konnte List finden, aber auch heftigste Ablehnung seines Projektes. Das reichte von medizinischen Bedenken bis zu dem Wortspiel mit Heimtücke und List versuche man den Leuten das Geld aus der Tasche zu ziehen. Ungeachtet dessen etablierte sich 1835 in Leipzig eine Eisenbahncompagnie, die größtenteils aus Kaufleuten und Bankiers bestand. Zum Vorsitzenden des Direktoriums wurde der verdienstvolle **Gustav Harkort** gewählt, ein späterer Ehrenbürger Leipzigs (1864).

Friedrich List (1789–1846) Büste auf dem Querbahnsteig des Leipziger Hauptbahnhofs

Von 1835 bis 1839 entstand unter enormen Schwierigkeiten Deutschlands erste Fernbahn-Strecke, die Leipzig, Sachsens größte Stadt, mit der sächsischen Residenz Dresden verband.
Mehr als 7000 Arbeiter bewegten Tausende Tonnen von Erdreich, gruben Tunnel und schütteten Dämme auf, überbrückten Straßen und Flüsse, verlegten Gleise und bauten Bahnhöfe. Da das Wort Bahnhof in frühester Eisenbahnzeit noch nicht erfunden war, sprach man von **Personeneinsteigschuppen.**

Nichts Vergleichbares gab es in Deutschland. Die bereits bestehende Mini-Eisenbahn von Nürnberg nach Fürth, ohne alle Kunstbauten, konnte kein Maßstab sein. Am 7. April 1839 war das gewaltige Werk vollendet – die Gesamtstrecke von Leipzig nach Dresden eröffnet. Im ersten Zug reiste Sachsens Königliche Familie.

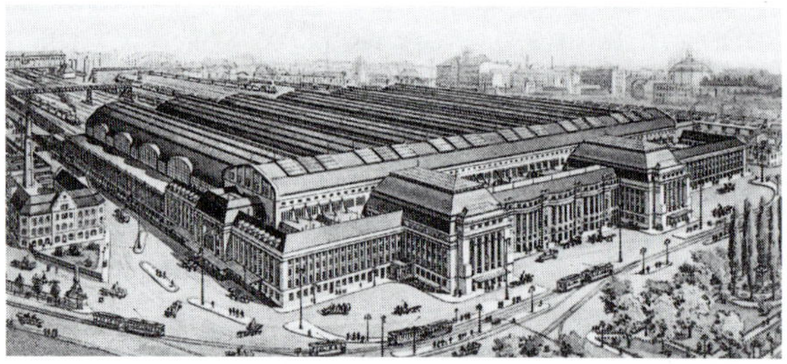

Der Hauptbahnhof. Der preußische Teil (links) wurde 1912 eröffnet, rechts, der sächsische 1915

An der Ostseite der rechten Halle angebrachte Erinnerungsstücke an den alten Dresdner Bahnhof

... zum Weltbahnhof

Gustav Harkort
(1795–1865)
Büste auf dem Querbahnsteig des Leipziger Hauptbahnhofs

In rascher Folge kamen, von Leipzig ausgehend, zwischen 1840 und 1874 weitere Bahnstrecken hinzu. Friedrich Lists Traum vom großen deutschen Eisenbahnnetz, mit Leipzig als zentralem Punkt, war Wirklichkeit geworden. Ihn selbst traf der verdiente Ruhm jedoch nicht. Man hatte den „Ausländer, der ungerufen nach Leipzig kam" (Zeitungsmeldung 1841) beiseite gestellt! Sein Leben endete 1846 im Freitod.

Sachsen verfügte um 1900 über das dichteste deutsche Eisenbahnnetz und Leipzig über sechs Kopfbahnhöfe. Diese Zeugen der Zeit des großen Bahnbaus sind dahingegangen ... Bis auf einen! Siehe Seite 21. Doch Leipzig, die expandierende Messestadt, benötigte den großen Zentralbahnhof – und Leipzig bekam ihn!
Den wohl größten der Welt, erbaut von 1900 bis 1915. Bereits 1912 nahm der linke Teil (Westhalle) den Betrieb auf. 1915 war alles fertig. Hunderte Züge fuhren täglich ein und aus, Dampf über allen Gleisen. Man wurde nicht transportiert, man reiste. Schnell, preiswert, komfortabel und absolut pünktlich. Der II. Weltkrieg beendete die hohe Zeit der Eisenbahn. 20 Jahre, bis 1965, brauchte man, um die schweren Bombenschäden am Bahnhof endgültig zu beheben. Nach der Wende kam es, unter Protest zahlreicher Leipziger, zu einer aufwendigen völligen Umgestaltung des Hauptbahnhofes. Auch der Autor war bei den Protestierern. – Man verzeihe uns; wir ahnten nicht, wie attraktiv, vielseitig und schmuck unser Bahnhof werden würde. Der Hauptbahnhof heute ist zu einem Begriff für Leipzig geworden und zu einer Touristenattraktion.

Leipzig Hauptbahnhof

Zwei Jahre, von 1995 bis 1997, dauerten die gewaltigen Umbauarbeiten (Foto links) des Hauptbahnhofes, die natürlich bei weiter laufendem Dienstbetrieb erfolgen mussten, bevor er sich mit den schmucken Promenaden von einer ganz neuen und sehr beeindruckenden Seite zeigen konnte.

Die große Leipziger Löwenjagd

19. Oktober 1913

Hotel „Blücher" an der Parthenbrücke

Der beteiligte Wagen Nr. 240 der LESt

Ein ungeheuerliches, unglaubliches, einmaliges Vorkommen ereignete sich zu Leipzig in den nebligen Nachtstunden vom 19. zum 20. Oktober 1913, auf der Blücher-, heute Rudolf-Breitscheid-Straße, unweit der Parthenbrücke.

Zirkus Barum hatte Leipzig besucht und reiste jetzt weiter. Alles war gut verpackt und wurde am späten Abend zum Berliner Bahnhof gefahren. Als die Kutscher der beiden Wagen mit ganz besonderer Ladung (Löwen und Eisbären) unterwegs beschlossen, sich in der Schenke zu stärken, nahm das Unheil seinen Lauf. Die unbeaufsichtigten Pferde des Eisbärenwagens zogen urplötzlich an. Die Deichsel rammte in die Bretterwand des Löwengefährtes – das Domizil von immerhin zehn Löwen beiderlei Geschlechts war geöffnet! Und in die nun beginnende, noch nie dagewesene Gratisvorstellung, fuhr bei schlechter Sicht auch noch Triebwagen 240 der Leipziger Elektrischen Straßenbahn hinein. Zwei Löwen (die beiden klügsten) beschlossen daheim zu bleiben, die restlichen acht unternahmen einen riskanten Spaziergang. Und Schutzmann Weigel glaubte an Halluzinationen, als ihm ausgewachsene Löwen entgegen sprangen. Vorsichtshalber schoss er erst mal seinen Revolver leer, dann alarmierte er sofort sämtliche erreichbaren Kollegen. Zwölf Mann, schwer bewaffnet, nahmen den furchtbaren, gnadenlosen Kampf auf. Schnell lagen fünf der völlig verängstigten Tiere tot auf der Fahrbahn, ein sechster wurde verwundet gefangen genommen.

Der schreckliche Abdul dagegen konnte als letzter erst morgens um 5 Uhr gestellt werden. Im Trommelfeuer brach die Bestie zusammen. Der Körper des Tieres zeigte 165 Einschüsse.
Da fehlt noch einer? – richtig: Die kleine Polly. Ihr war die Aufregung auf die Blase geschlagen. Sie suchte im nahen Hotel Blücher die Damentoilette auf, wo sie sich widerstandslos ergab.
Viele Jahre lang zierte ein präpariertes Opfer die Halle des Hotels und ein Mähnenlöwenbildnis prangte an der Fassade des Hauses.

Die Strecke und die Kampfeinheit. Die sechs toten Löwen wurden im Zoo aufgebahrt und sollen Besucherströme angelockt haben, die ihren lebenden Kameraden der weltberühmten Leipziger Löwenzucht nie vergönnt waren.

Als ob se schlummern, nich wahr, Lenchen?
Ich will's gar nich sähn, keh Mensch'n hätt'n die was gedahn!

Schon damals starb ein Löwe

19. Oktober 1813

Poniatowskis Tod in der Elster am 19.10.1813

Auf den Tag genau 100 Jahre zuvor starb in Leipzig bereits ein Löwe: Fürst Josef Poniatowski. Wenn es auch zehntausendfaches Sterben in jenen Tagen der Völkerschlacht gab, der Tod des Fürsten erschütterte sowohl Freund als auch Feind. Der Pole, Oberkommandierender der polnischen Legion im Napoleonischen Heer, war für seinen Mut und seine Ritterlichkeit bekannt. Er sollte der König eines neuerstandenen freien Polen werden. Am ersten großen Schlachttag, dem 16. Oktober 1813, verteidigte er den Südraum bei Leipzig in hervorragender Weise. Die österreichische Übermacht wurde geschlagen, ihr General gefangen genommen. In Anerkennung dieser Leistung ernannte Kaiser Napoleon Poniatowski noch auf dem Schlachtfeld zum Marschall von Frankreich. Übrigens als ersten und einzigen Ausländer.

Auf dem Rückzug drei Tage später gehört er zu den letzten Verteidigern Leipzigs, die den Abmarsch der geschlagenen großen Armee deckten. Aus zwei Wunden blutend stürzte er sich, schon im Angesicht des Feindes, zu Pferde in den Hochwasser führenden Elsterfluss. Das Tier überschlug sich, der Marschall wurde unter Wasser gezogen und ertrank. Erst mehrere Tage später konnte seine Leiche geborgen werden.

Das heutige Denkmal – nicht mehr am Flussufer. Der Elstermühlgraben wurde nach 1950 überwölbt.

Bereits im Jahre 1814 mit einem schlichten Stein, zwanzig Jahre später mit einem prächtigen Sarkophag, gedachten polnische Patrioten der Stelle seines Todes an der heutigen Elsterstraße. Das Monument (errichtet für einen Polen!) vernichteten die braunen Horden der Nazis.
Der alte Stein blieb jedoch erhalten und ist Teil des heutigen Denkmals.
Es ist beeindruckend, dass man dort häufig weiß-rote Blumengebinde vorfindet. Die Polen haben ihren großen Landsmann auch nach rund 200 Jahren nicht vergessen. Fürst Poniatowski ist erst auf dem Alten Johannisfriedhof beigesetzt worden (eine dort befindliche Tafel erinnert daran), wurde dann aber in die Königsgruft des Wawel nach Krakau überführt.

Der Sarkophag 1834 errichtet, 1934 zerstört

Ein Kirchhof ohne Kirche

Peterskirchhof

Blick in die Petersstraße um 1880 mit der Peterskirche, rechts und links dem Geschäftshaus August Polich

Rechts wurde die Reichsbank gebaut – heute Musikschule und links, heute Karstadt, das ist das ehemalige Modenhaus. Die Gasse hinter der Musikschule ist der Peterskirchhof.

Leipzigs bekannteste Straße, die **Petersstraße,** bekam ihren Namen nach einer Kirche. Und die stadtauswärts links liegende Seitenstraße heißt dazu heute noch **Peterskirchhof.** Na schön. Eine kleine Besonderheit sollte aber erwähnt werden: Dort ist nirgends eine Kirche zu finden! Sie ahnen es, natürlich gab es dort eine **Peterskirche**. Wie nicht selten in Leipzig hatte auch in ihrem Fall der Kommerz das Sagen. In der Zeit der stürmischen Stadtentwicklung, gegen Ende des 19. Jahrhunderts, neidete man der Kirche ihren exponierten Standort. Bezeichnenderweise musste sie einem Banken-Neubau weichen. 1507 ist das kleine turmlose Gotteshaus errichtet worden. Im Jahre 1710 wurde die Kirche vom berühmten Ratsbaumeister Gregor Fuchs weitgehend erneuert und bildete zusammen mit dem daneben stehenden Peterstor ein reizvolles Barockensemble. Als „Verkehrshindernis" fiel 1859 bereits das Tor. Es war von keinem Geringeren als dem Baumeister des Dresdner Zwingers entworfen worden, von Daniel Pöppelmann (1662–1736). 1885 traf es dann die Kirche.

Die neue Peterskirche, geweiht 1885. Mit einer Turmhöhe von 88 Metern eine der höchsten deutschen Kirchen. 2500 Menschen finden in ihr Platz.

Geld spielte im wohlhabenden Leipzig keine Rolle. Und so besänftigte man die empörte Gemeinde mit einem attraktiven Neubau ihres Gotteshauses, mit der gewaltigen neuen Peterskirche. Wir finden sie in der inneren Südvorstadt, am Schletterplatz.

Die erste elektrische Rolltreppe in Deutschland lief bei August Polich bereits im Jahre 1896.

Der große Philosoph – wanderfreudig

Gottfried Wilhelm Leibniz

Der erste Standort des großen Leibniz: Thomaskirchhof. Das Denkmal schuf der Dresdner Bildhauer Ernst Hähnel

Heißt's nicht in Edwin Bormanns Gedicht, dass der Leibzscher hellisch helle ist. – Also, Gottfried Wilhelm Leibniz mit Sicherheit! Am 21. Juni 1646 wurde er in Leipzig geboren, studierte hier und avancierte zu einem der vielseitigsten Gelehrten und scharfsinnigsten Denker überhaupt. Sein universaler Geist war zu Hause in der Mathematik und der Philosophie, er betrieb aber auch juristische, theologische und linguistische Studien. 1883 setzte ihm seine Heimatstadt ein Denkmal (unser Foto). Wir finden es am früheren Uni-Hochhaus, in der Nähe der Moritzbastei.

Dort stand es nicht immer. Aufgestellt hatte man es ursprünglich auf dem Thomaskirchhof. Zwanzig Jahre später bemerkte man, dass dort eigentlich Johann Sebastian Bach hingehört.
Also zog Leibniz um – auf den Paulinerhof der Universität. Auf Grund von Bombenschäden des Zweiten Weltkrieges wurde ein weiterer Umzug hinter die Paulinerkirche notwendig, und nach deren Sprengung (siehe Seite 33) erreichte Leibniz schließlich seinen heutigen Standort.

So ä schlaun Mann mächtsch ooch ma hamm.
Ob de dem gewachsen wärst, Lenchen?
Nu, mit der Klappe allemal.

Leibniz in Nähe der Moritzbastei. Aber der nächste Umzug scheint gewiss: Nach dem Neubau des Campus wird er wohl den neuen Unihof zieren

Nett, dass man Leibniz vier Damen zugesellt hat, die anmutig den Sockel verzieren... Aber es geht ganz ehrbar zu! Die vier Frauengestalten verkörpern nämlich vier Fakultäten, vorn die Philosophie, hinten die Theologie, rechts die Medizin und links die Jurisprudenz. Bemerkung eines alten Herrn am Denkmal zum Autor: „'s war schon ä großer Mann, bloß, dass er 1700 de preißsche Akademie begrindet hat – das hätte nich sinn missen!" Sehen wir's Leibniz nach.

Die uns ein Preuße brachte

Leipziger Gose

Nicht selten wird man von Besuchern der Messestadt gefragt, **Leipziger Gose,** was ist denn das?
Es handelt sich um ein besonders behandeltes, leicht säuerliches, obergäriges Bier. Eine Leipziger Spezialität. Doch erfunden haben wir unser „Nationalgetränk" nicht. Für einen echten Sachsen schon recht peinlich – ein Preuße brachte uns die Gose mit! Fürst Leopold von Anhalt-Dessau, in Kriegsdiensten bei Friedrich II. von Preußen, besetzte im Jahr 1745 im 2. Schlesischen Krieg Leipzig. Und er hatte sein Lieblingsgetränk dabei – die Gose. Um Goslar soll sie zuerst gebraut worden sein, mit dem Wasser des quellreinen Harzflüsschens Gose, daher der Name.

Durch Initiative von Dr. Hartmut Hennebach und Lothar Goldhahn kam es zur Wiederentdeckung der Gose, und unter dem altem Namen „Ohne Bedenken" öffnet 1986, nach wundervoller Rekonstruktion, die 1958 geschlossene Goseschenke in Leipzig-Gohlis. Foto: Dr. Hennebach im Gespräch mit dem Autor in seinem Etablissement

Das hohe zylindrische Stengelglas und die eigenwillige Flaschenform hat die neue Gose leider nicht mehr

Wennste probst
der Gose Saft
Wappne dich mit Heldenkraft;
de weeßt nich, wärd dr Machn
Ja un Amen derzu sachn.
Drum bevor de rechde Hand
um das Stengelglas sich wand,
lech zur Vorsicht deine linke
off de Stuwendierenklinke.
(Edwin Bormann)

Für die Leipziger ein Freudentrunk von Anbeginn. Gose ist erfrischend, verdauungsfördernd, wie Bormann bereits andeutet, und schmackhaft. Ebenso pur, wie „mit was drin". In der DDR wurde aus Mangel an Braugerste die Produktion der geliebten Gose 1966 eingestellt. Doch Tradition ist nicht so leicht totzukriegen. 1986 lebte unsere Gose auf, vorerst von bescheidener Qualität, doch heute kann man sie wieder in alter Güte genießen.
Darauf ein: **„Goseanna"!**
(Schlachtruf aller Gosetrinker)

Gose reimt'sch off Hose, Lenchen –
ich weeß ooch warum!

Früher lief hier der Verkehr, heute läuft hier die Gose

Bayrischer Bahnhof

Leider nur noch Traditionsfahrt. Im Jahre 2001 ist der Zugverkehr eingestellt worden.

Fahrkarte vom Bayrischen Bahnhof nach Frohburg aus der Zeit, wo ein Fahrkartenkauf 30 Sekunden dauerte

Der Erfolg für die Betreiber der Leipzig-Dresdner-Eisenbahn zog rasch neue Unternehmen nach. Im September 1842 konnte der erste Teil einer Nord-Süd-Verbindung eröffnet werden: die Leipzig-Altenburger Eisenbahn. Sie wurde später bis Hof und schließlich bis nach München verlängert. 1847 ging diese Sächsisch-Bayrische Eisenbahn in den Staatsbesitz Sachsens über. So finden wir hier **die erste Staatsbahn Deutschlands,** aber noch weit mehr: der **Bayrische Bahnhof** in Leipzig ist **der älteste**, in wesentlichen Teilen original erhaltene **Kopfbahnhof der Welt!** Der Architekt des schmucken Areals war der Leipziger Eduard Poetzsch (1803–1889).

Leider wurde der Bahnhof in Leipzigs schlimmster Bombennacht vom 3. zum 4. Dezember 1943 stark beschädigt. Das dabei zerstörte Hallendach ist nie wieder ersetzt worden.

Das Prunkstück dieses Bahnhofs: der original erhaltene Portikus aus dem Jahre 1842

Am 9. Juni 2001 stellte die Deutsche Bahn AG sang- und klanglos nach 160 Jahren den Dienstbetrieb ein. Aber dem historischen Bayrischen blieb das Schicksal vieler heutiger Bahnhöfe erspart – leer, nutzlos und verfallend. Nein, hier zum Glück nicht! Denn bereits seit dem Jahr 2000 braut an dieser Stelle Thomas Schneider aus Weißenburg unsere **Leipziger Gose!**

Und er eröffnete in den vorzüglich restaurierten ehemaligen Bahnhofsräumen das „Gasthaus Bayrischer Bahnhof". Betriebsamkeit und fröhliches Leben konnten so an diesem Ort verbleiben. Dem beliebten Unternehmen einen regenschirmfrischen Gosegruss!

<u>Anmerkung</u>: Gose mit Kümmellikör heißt Regenschirm, mit Waldmeister oder Himbeer ist es ein Sonnenschirm.

Im Anschluss an einen Gastraum befindet sich der Braubereich mit den attraktiven Kupferkesseln.

Wo niemals Rosen blühten …

Das Rosental

Fast im Herzen der Stadt befindet sich eine großflächige Grünanlage, das Rosental. Warum es so heißt, weiß kein Mensch, Rosen blühten dort noch nie. Schön ist es trotzdem. Ein weiser Rat kaufte im Jahre 1663 den damaligen Nutzwald vom Landesherrn an, aber erst zur Zeit Augusts des Starken erfolgte ein parkähnlicher Ausbau. Ab 1717 rodete man, schlug Schneisen und ebnete das Gelände zur Anlage eines vom Kurfürsten gewünschten barocken Lustschlösschens. Dort wollte er mit der aktuellen Favoritin zu den von ihm häufig besuchten Messen Quartier nehmen. Leipzigs Rat befürchtete (wohl zu recht) die Kosten tragen zu dürfen und erfand immer neue Ausflüchte. Das Palais wurde nie errichtet. Aus heutiger Sicht zu bedauern; ein Schlösschen im Rosental wäre sicher sehr hübsch.

Der hölzerne Turm, Ansichtskarte 1898

Apropos Messe: In vergangenen großen Messezeiten war das Rosental von besonderer Bedeutung. An milden Abenden zur Oster- oder in warmen Nächten zur Michaelismesse soll es, wie Georg Maurer 1799 schrieb, ein stöhnender Wald gewesen sein. Moralische Generationen späterer Tage schütteten dort einen gewaltigen Müllberg auf. Um 1895 stank das dem Leipziger Rat. Der Dreckberg wurde mit guter Erde überzogen, mit künstlicher Quelle und einem Aussichtsturm versehen. Gern spotteten die Leipziger über die neue Attraktion, wie z. B.: 13 000 cm über dem Meer, Edelweiß-Pflücken streng verboten oder Alpinausrüstung dringend anzuraten. An Stelle des alten Holzturmes finden wir heute eine Stahlkonstruktion.

2/3-Thaler 1717, Friedrich August I., August der Starke

Der Serpentinenweg ist erhalten. Die Quelle und die Brücke gibt es freilich nicht mehr. Der Blick über die Stadt und das weite Leipziger Land ist aber gewiss noch ebenso beeindruckend und interessant wie um 1900.

Die heutige schmucklose Aussichtsplattform, an gleicher Stelle errichtet und ebenso hoch

Nee, hadd der Dorm enne Hehe – der's so hoch wie mei Bormänn'chn lang!

… doch millionenfach Märzenbrecher

Das Rosental

Eine Besonderheit der Leipziger Landschaft stellen die Flussauengebiete nördlich und südlich der Stadt dar. Neben Seltenheiten in Flora und Fauna konnte man dort schon immer gewaltige Eichen finden. Die bedeutendste ist ohne Zweifel die Große, die Königseiche gewesen. An ihrem Stamm wies ein Schild darauf hin: König Friedrich August verweilte unter dem Schatten dieser Eiche am 19. Mai 1809.

Gern nutzten die Leipziger den schönen Spazierweg vom Auensee zu dieser Naturattraktion. Fast 40 m hoch und über 700 Jahre alt soll der Baum gewesen sein. Bei einem schweren Sturm im Frühjahr 1923 ist der Riese umgebrochen. Beeindruckende Eichen kann man jedoch auch heute noch in Leipzigs Waldgebieten antreffen. Und noch eine Besonderheit muss Erwähnung finden: Leipzigs Rosental ist das nördlichste Verbreitungsgebiet des wild wachsenden Märzenbechers – und das in unglaublicher Stückzahl. Im März ist der Waldboden nur weiß und grün.

Scherzpostkarte, geschrieben am 16. Juni 1899 von der Großen Eiche im Revierort Burgaue

Eine der heutigen markantesten Eichen des Leipziger Stadtwaldes befindet sich im Revierort Rosental, die sogenannte Friedenseiche.

Nochmals Friedrich August der Gerechte. Nach ihm benannt: Die Königseiche. Hier noch als Kurfürst von Sachsen, abgebildet auf einem Dukaten von 1789

Neue Freude jedes Jahr: Die Märzenbecher sind wieder da – der Winter ist vorbei gegangen! Aufnahme im hinteren, dem stadtfernen Teil des uralten Rosentals. Ersterwähnt wurde es 1318, und im Jahre 1663 kam es durch Abkauf vom Landesherrn in den Besitz der Stadt.

Die größte Schau, die Leipzig jemals sah

Sächsisch-Thüringische Ausstellung

König Albert von Sachsen (1828–1902): Schirmherr der Sächsisch-Thüringischen Ausstellung

Welcher Leipziger weiß heute noch, wenn er an dem großen schönen Teich in der Anton-Bruckner-Allee steht, dass sich hier vor etwas mehr als 100 Jahren, im Sommer 1897, einmal Millionen Menschen eingefunden haben? Millionen? – Das ist doch übertrieben!? Nein, ist es nicht…

Im Jahre 1897 konnte Leipzig ein großes, ein besonderes Fest feiern. Ein Fest, das keiner anderen deutschen Stadt vergönnt war: Die 400-jährige Bestätigung der Reichs-Messeprivilegien, 1497 verkündet von König Maximilian, dem Oberhaupt des Heiligen Römischen Reiches.

Dieses Jubiläum war nur mit einem Fest der Superlative zu würdigen! Und das ist die **Sächsisch-Thüringische Industrie- und Gewerbe-Ausstellung** auch geworden. Unter Protektorat und finanzieller Beteiligung des Königs Albert von Sachsen wurde sie zur größten Schau, die Leipzig jemals sah. Im 55 000 m² großen Ausstellungspark westlich der Stadt am Elsterfluss, der natürlich den Namen Seiner Majestät bekam, wurden ca. 200 Kunstbauten errichtet. Vom kleinen Musikpavillon bis zur riesigen Halle des Maschinenbaus, vom Eingeborenendorf in Deutsch-Ostafrika bis zum mittelalterlichen Leipziger Rathaus.

Eine elektrische Rundbahn, eine nachts farbig strahlende Riesenfontäne und eine Seilbahn waren einige der Attraktionen. 4,2 Millionen Menschen besuchten die Ausstellung. Außer der Parkanlage, die sich heute nicht mehr nach ihrem Förderer nennen darf, verblieb als Erinnerung fast nur jener eingangs genannte Teich.

Der Teich im heutigen Clara-Zetkin-Park. Alte Leipziger sagen immer noch König-Albert-Park. Eine letzte Erinnerung an die große Schau von April bis Oktober 1897

Vignette und der erste offizielle Sonderstempel Leipzigs, Ausstellungs-Postamt, am 25.9.1897

Ansichtskarte vom Festplatz (Gesamtübersicht).
Im Vordergrund der heute noch bestehende Teich. Jenseits der Elster die 130 Meter lange Halle des Maschinenbaus. In der Luft eine der Attraktionen: der Goddardsche Fesselballon zum Mitfahren

Einst ein Schmuckstück

Leipzigs Johannisplatz

Der heutige leere und ziemlich trostlose **Johannisplatz** ist leider gar nicht mehr fotogen. Das war einmal ganz anders, denn der Platz ist **in früherer Zeit ein Schmuckstück** gewesen (siehe Abbildung), vorrangig durch das attraktive Bauwerk der Johanniskirche. Nach wechselhaftem Schicksal hatte sie ihre endgültige Gestalt erst in den Jahren von 1894 bis 1897 bekommen. Und bei diesem Umbau erlebten Leipzig und die gesamte Musikwelt eine Sensation: **Die verschollenen Gebeine Johann Sebastian Bachs wurden hier zufällig entdeckt!** Man hat sie nun ein zweites Mal, jetzt auch recht aufwendig, in diesem Gotteshaus beigesetzt.

Der Johannisplatz, Ansichtskarte von 1928. Die Johanniskirche mit dem schönen Turm der Barockzeit. Davor das Reformationsdenkmal von Johannes Schilling. Im Hintergrund das 1927 eröffnete Grassimuseum

Im Zweiten Weltkrieg erlitt die Johanniskirche schwere Bombenschäden. So setzte man im Jahr 1950 die sterblichen Überreste des berühmten Kantors in seine Hauptwirkungsstätte, in die Thomaskirche um. Das geschah sehr locker. Zwei Friedhofsarbeiter luden den Zinksarg auf einen Leiterwagen und holperten durch die Stadt. In St. Thomas meldeten sie sich mit dem Worten: „Mir bring' hier Bach'n!"
Vor der Kirche stand das Reformationsdenkmal, enthüllt zum 400. Geburtstag Luthers, am 10. November 1883. Rasch witzelten die Leipziger: Melanchthon (stehend) sagt zu Luther „So, mei Liewer, nu lässde mich awwer ma' sitzen". Das fein gestaltete Denkmal wurde Opfer des Totalen Krieges der Nazis. Im Februar 1943 verschwanden „11 340 kg Bronzeschrott", wie der Frachtbrief auswies.

Im Hintergrund des Bildes sehen wir das neue Grassimuseum, das Museum für Völkerkunde, errichtet auf dem Gelände des ehemaligen Johannis-Hospitals.
Geht man durch den Innenhof des Museums, gelangt man zum Alten Johannisfriedhof. Bitte folgen Sie uns zu einer Stippvisite in diesen Ort der Besinnung im Getriebe der Großstadt, auf ein Jahrhunderte altes ehrwürdiges Gelände.

Frühling im parkähnlichen, romantischen Alten Johannisfriedhof. Ein Besuch dort ist wie ein Ausflug in die Leipziger Stadtgeschichte.

Der junge Goethe – der Hallodri

Alter Johannisfriedhof

Was für große Namen kann man auf den alten Grabsteinen finden! Da ist Gellert, der Fabeldichter, Richard Wagners Mutter und Schwester, Thomaskantoren und weltberühmte Buchhändler, Handelsherren, Unternehmer, Gelehrte und, und, und ... Wer ruht denn hier?

Erbbegräbnis der Familien Kanne und Sickel, mit Käthchens Grab

Anne Catharina Kanne, geboren am 22.8.1746. Verstorben am 20.5.1810. Anne Kanne, Käthchen Kanne. Klingt lustig. Aber darf man das sagen, an solch einem Ort? – Geborene Schönkopf. Moment mal – **Käthchen Schönkopf** ... Natürlich! Das ist doch die Tochter des Weinwirtes Schönkopf vom Leipziger Brühl – das ist Goethes Jugendliebe, sein Käthchen!

Vater Schönkopf ist allerdings gar nicht begeistert gewesen von dieser Liaison. Ein windiger Student, dem man Weibergeschichten nachsagte und ein Ausländer noch dazu. Einer aus dem Hessischen. Also, das ging wirklich zu weit!

Nun, sein Käthchen hatte später noch die Kurve gekriegt und war ganz ehrbar Frau Dr. jur. Kanne geworden. Und Vater Schönkopfs Bedenken waren keineswegs unbegründet. Sehen wir uns nur das Denkmal des Hallodris an: Auf dem Naschmarkt steht er, im Studentenhabitus seiner Zeit und schaut hinüber zur Mädlerpassage, zu Auerbachs Keller. Es kann wohl nicht sein, dass Faust wiederkehrt ... Aber bezechte Studenten werden schon noch des Nachts aus dem Weinkeller torkeln. Goethes Denkmal – ein reizvolles Monument ist es und das einzige, das den jugendlichen Johann Wolfgang zeigt. Am Sockel befindet sich Käthchens Portrait. Na gut. Aber auf der anderen Seite lauert ihre Hauptkonkurrentin, Fräulein Friederike Oeser, die Tochter seines Zeichenlehrers. Und da gab es noch deren hübsche kleine Schwester im Hause Oeser, die Wilhelmine. Mit ihr war doch auch etwas ... Oder?

Johann Wolfgang von Goethe als Student in Leipzig von 1765 bis 1768. Das Denkmal wurde 1903 von Carl Ludwig Seffner modelliert und auf dem Naschmarkt errichtet. Das prachtvolle Gebäude im Hintergrund ist die kaufmännische Alte Handelsbörse, gleichzeitig der erste Barockbau Leipzigs, vollendet 1679.

Friederike Oeser

Zwei Details vom Goethe-Denkmal

Käthchen Schönkopf

Der Professor – vom Verbrechertisch

Alter Johannisfriedhof

Vieles wurde auf dem Alten Johannisfriedhof zerstört, ist er doch beim Sturm auf Leipzig, am 19. Oktober 1813, Kampfplatz in der Völkerschlacht gewesen. Die meisten Schäden aber richtete der ungehinderte Verfall der Anlagen, gepaart mit Vandalismus zu DDR-Zeiten an.

Da freut man sich, noch einen Grabstein mit unbeschädigtem Medaillon zu finden. So wie diesen hier: ROSSMAESSLER. Sympathisch sieht er aus, der alte Herr. Wer war dieser Mann? Emil Adolf Roßmäßler war Naturforscher, Volksschriftsteller, Professor der Naturwissenschaften und ein deutscher Patriot. 1848/49 gehörte er der Frankfurter Nationalversammlung und dem Stuttgarter Rumpfparlament an. Seinen vergeblichen Kampf für Demokratie und die Einheit Deutschlands ahndete die Obrigkeit nach seiner Heimkehr mit Lehrverbot. Er verlor seinen Lehrstuhl an der Tharandter Forstakademie und lebte fortan von einer kleinen Pension. Ab 1856 finden wir Roßmäßler oft in der Gastwirtschaft „Gute Quelle" auf dem Leipziger Brühl. Wohl ein Bierchen auf all den Kummer? – Vielleicht auch. Aber hier, bei Vater Grun, dem volkstümlichen Wirt, traf er seine Leidensgefährten. Am Verbrechertisch saßen die alten „Achtundvierziger", wohl die aufrechtesten Männer Leipzigs zu dieser Zeit. Die meisten von ihnen hatten jahrelange Zuchthausstrafen hinter sich. Das waren die „Seßhaften". Dann gab es noch die „Zugelassenen". Sie erhielten die Berechtigung, am Verbrechertisch Platz nehmen zu dürfen nur, da sie es alle Tage wert gewesen wären, ins Zuchthaus zu wandern. Fritz Reuter und der junge August Bebel gehörten zu ihnen. Der **Verbrechertisch** ist erhalten und gehört heute zum Fundus des Stadtgeschichtlichen Museums.

Emil Adolf Roßmäßler (1806–1867)

Der Verbrechertisch, Zeichnung von R.Wolff, 1860.
Links hinter dem Schild sitzt Roßmäßler. Links vor dem Schild der Verleger Ernst Keil, der Begründer des ersten deutschen Unterhaltungsmagazins: „Die Gartenlaube".
Im Hintergrund stehend: Vater Grun

Ich schwärme for Männer mit ä Bart!
Ach, du lüchst so scharmand, Lenchen.

Und das Grabmal unter der Palme

Der Südfriedhof

Kein Märchenschloss am romantischen See, es ist nur die Kapelle mit dem Krematorium des Leipziger Südfriedhofes – aber welch ein Bauwerk!

Leipzigs Südfriedhof zählt nicht nur zu den größten Friedhöfen Deutschlands, er stellt gleichzeitig eine der schönsten Anlagen dar, reich versehen mit einer Fülle beeindruckender Grabmale. Eines der interessantesten möchten wir vorstellen, ungewöhnlich ist es und geheimnisvoll – **ein Grabmal mit Anker und Palme!**

Es ist das des jungen Leipziger Schiffsarztes Dr. Ludwig Schwabe. Er versah den medizinischen Dienst an Bord des Leichten Kreuzers SMS Emden (3650 t). Im fernen Indischen Ozean überraschte das Schiff im August 1914 der Ausbruch des I. Weltkrieges. Eine Heimreise war unmöglich und der Kommandant, Fregattenkapitän von Müller, beschloss, so lange wie möglich den Feinden zu trotzen. Sein kleiner Kreuzer wurde zum berühmtesten Kaperschiff des Krieges und versenkte nicht weniger als 23 feindliche Einheiten, dabei den russischen Kreuzer „Yemtschuk". Gejagt von zahlreichen alliierten Kriegsschiffen schlug am 9. November 1914 die Stunde der Emden. Bei der Zerstörung der britischen Funkstation auf der Insel Nordkeeling stellte sie der Schwere Kreuzer „Sydney". Den großkalibrigen und weittragenden Geschützen des australischen Kriegsschiffes hatte die Emden nichts entgegenzusetzen. Nach 90-minütigem einseitigen Kampf sank das deutsche Schiff. Von den 325 Mann der Besatzung waren 141 tot. Der schwer verletzte Schiffsarzt, unser Dr. Schwabe, wurde gerettet, verstarb jedoch bereits am nächsten Tag. Fern, auf der Kokosinsel Nordkeeling fand er die letzte Ruhe, in Leipzig aber sein Gedenken.

Das Heldenepos ist noch nicht ganz am Ende. Der 42 Mann starke deutsche Landungstrupp, der die Funkstation zerstörte, kaperte sich einen kleinen Schoner und erreichte nach 4300 zurückgelegten Seemeilen im Juni 1915 die verbündete Türkei.

Medaille auf die Emden (1914)

Das Grabmal für Dr. Ludwig Schwabe und der Anker, der uns erinnern soll, dass man hier eines Seemanns gedenkt

Lenchen und weiteres...

Der Südfriedhof

Gedenken an Eythra

Eythra – wohl dem Gedenken an ein bedauernswertes Mädchen gewidmet? – Aber dieses wuchtige Steinkreuz ...
Nein, **hier wird** nicht einer Person, sondern **eines ganzen Ortes gedacht!** Eines uralten dazu, der nach tausend Jahren Geschichte vor wenigen Jahrzehnten dem Braunkohlenabbau zum Opfer gefallen ist. Siehe auch Seite 47.

Der Südfriedhof wurde auf einem von der Stadt gekauften Areal von 13 Hektar eingerichtet und mehrfach erweitert. 1886 öffneten die ersten Abteilungen (I–VII). Die Anlage wurde parkartig gestaltet, in einem Verhältnis der Grabanlagen zur Natur von 1:3. In den Jahren 1904 bis 1909 entstand der beeindruckende Bau der Friedhofskapelle.

Im reichen bürgerlichen Leipzig um 1900 gehörten Grabmale zur Repräsentation.
Ebenso wie die Villen zu Lebzeiten hatte das Gedenken nach dem Tod großartig und vornehm zu sein und man konnte es sich leisten, die entsprechenden Monumente von ersten Künstlern ausführen zu lassen. Ihre Werke finden auch heute noch unser Interesse, ja zum Teil unsere Bewunderung.

Gedenken für unser Lenchen: Den liebevoll gestalteten Stein stiftete im Jahre 1986 Familie Schütte aus Leipzig-Gohlis, unter pekuniärer Beteiligung des Kabaretts „academixer".

Kriegergedenken 1916 vor Kriegergedenken 1813. Grabmal für zwei gefallene Offiziere, geschaffen von Carl Ludwig Seffner

Welch tragische Tafel um den sinnlosen Tod des jungen Rechtsanwaltes, in den ersten Tagen des Völkermordens von 1914 bis 1918

Das leider etwas verfallene Grabmal für Ernst Bauer, den Gründer der einzigen heute noch bestehenden Leipziger Privatbrauerei

Wunderwasser half Napoleon nicht

Napoleonstein und Marienbrunnen

In der Nähe des Südfriedhofes befindet sich ein unscheinbarer Hügel. Aber einmal, für einen Tag, diente er einem Großen der Weltgeschichte als Standort und Kommandopunkt. Von hier aus befehligte Kaiser Napoleon am zweiten Schlachttag im gewaltigen Völkerringen von 1813, am 18. Oktober, seine Truppen. An Stelle der Tabaksmühle der Familie Quandt, die damals hier gestanden hat, erhebt sich jetzt ein Denkmal, der Napoleonstein.

Der Napoleonstein. Von hier aus dirigierte der Kaiser seine Truppen. Im Jahre 1813 waren dort Äcker und Wiesen und erlaubten einen freien Blick auf das weite Schlachtgelände.

Als der Autor zwölf Jahre alt gewesen ist, gab es einen Schulausflug zu den Stätten der Schlacht. Der Herr Geschichtslehrer erklärte, Napoleon habe so überstürzt fliehen müssen – nicht einmal Hut und Fernrohr konnte er mitnehmen! Sehr dramatisch. Allerdings ist es Unsinn. Der berühmte Dreispitz kennzeichnete seine Person und das Fernrohr weist auf die Schlachtbeobachtung hin. Richtig aber ist, dass der Kaiser hier gegen 4 Uhr nachmittags den Befehl zum Rückzug erteilte. In der Nacht zum 19. Oktober setzten sich die Franzosen ab. Ihre Artilleriemunition ging zur Neige und die Übermacht der Verbündeten war erdrückend geworden.

Nur etwa 200 Meter vom Napoleonstein entfernt finden wir den sagenumwobenen Marienbrunnen. Eine fromme Pilgerin, Maria mit Namen, soll um 1440 die bedauernswerten Siechen des Johannis-, des Aussätzigenhospitals, hierhergeführt haben. Sie kniete nieder zum Gebet, und als sie sich wieder erhob, entsprang an dieser Stelle ein Quell mit wundertätigem Wasser. Bis zur Mitte des 18. Jahrhunderts hat man das heilkräftige Nass des Marienbrunnens in Leipzig verkauft. Ein Stadtteil wurde nach ihm benannt und die Mädchen holten dort ihr Osterwasser – bis der Quell zu Beginn des 20. Jahrhunderts versiegte.
Aber wie unser Foto zeigt, gedenkt man des Ortes noch bis zum heutigen Tage.

's gibt ooch Scheenheidsbrunn...
Hasd'e nich nöt'ch, Lenchen.
Eine Dame kann da nie genug tun!

Historische Ansicht der Tabaksmühle auf der Marienhöhe. Seit 1857 ist sie Standort des Napoleonsteins.

Die heutige Erinnerung an den leider versiegten Marienbrunnen

St. Pauli – unvergessen

Pauliner- oder Universitätskirche

St. Pauli zu Leipzig, mit Neugestaltung der Fassade durch Arwed Roßbach in den Jahren 1898/99

Ach, das ist hübsch, ein kleiner freundlicher Hügel, nett begrünt, im ansonsten flachen Gelände zwischen den Vororten Stötteritz und Probstheida. Wer allerdings den „Inhalt“ der Aufschüttung kennt, denkt anders darüber – denn das ist die Begräbnisstätte der Leipziger Pauliner- oder Universitätskirche.

Zur Geschichte: Um 1130 wurde das Gotteshaus als Klosterkirche des Dominikanerordens erbaut. Nach Einführung der Reformation säkularisierte der Landesherr, Herzog Moritz, den Kirchenbesitz und übereignete die gesamten Klosteranlagen seiner Landesuniversität, der Alma mater Lipsiensis. Der greise Martin Luther weihte das Gotteshaus im August 1545 zur evangelischen Universitätskirche. Die Paulinerkirche war über Jahrhunderte Aula und akademische Festhalle der Universität, sie diente der Ausbildung an der Theologischen Fakultät, war christlicher Begegnungsort in ökumenischem Sinne und Heimstätte der Universitätsmusik. Wie durch ein Wunder überstand sie am Leipziger Augustusplatz – wo fast alles in Schutt zerfiel – den anglo-amerikanischen Bombenterror. Sie war geistlich – geistiges Zentrum der Universität und spielte eine wesentliche Rolle im Kulturleben der Stadt.

Der „Grabeshügel“ auf der Flur der Gemeinde Stötteritz im Südosten. Tief unten, überdeckt von meterhohen Abbruchtrümmern der Ostvorstadt, ruhen die Reste der Paulinerkirche.

30. Mai 1968, 10 Uhr: 700 kg hochbrisanter Sprengstoff vernichten in Sekundenschnelle mehr als 700 Jahre Leipziger Stadtgeschichte ... Filmen und Fotografieren war bezeichnenderweise streng verboten!

Um den bürgerlichen Geist der Universität zu treffen, einen sozialistischen Aufmarschplatz zu schaffen und die Leipziger Universität zur „sozialistischen Kaderschmiede“ zu formen, beschloss das Politbüro der SED unter Führung von Walter Ulbricht die Beseitigung des ehrwürdigen Gotteshauses. Gegen den mehrheitlichen Willen der Leipziger!
Diese beispiellose Kulturbarbarei ist in Leipzig unvergessen. Im Dezember 2009 wird die zweitälteste heute noch lehrende deutsche Universität 600 Jahre alt. Bis dahin soll es zur Neugestaltung des Campus am Augustusplatz kommen. Neue Bauten werden dort entstehen. Es ist sehr zu hoffen, dass man bei dieser Bebauung einer würdigen Erinnerung an St. Pauli Rechnung trägt.

Eine kleine Straße, in der Nähe des Hügels, heißt heute Paulinerweg – ein Erfolg des Paulinervereins e. V.

Kampf für ein Denkmal

Völkerschlachtdenkmal

Bereits 1814, wenige Monate nach der Völkerschlacht, regte Ernst Moritz Arndt (1769–1860) den Aufbau einer Stätte des Gedenkens dieses Völkerringens an.
In den Ebenen um Leipzig hatten sich im Oktober 1813 eine halbe Million Krieger in der bis dahin gewaltigsten Schlacht der Weltgeschichte gegenübergestanden. Mehr als 80000 von ihnen verloren ihr Leben. Ernst Moritz Arndt mahnte: „Ein kleines unscheinbares Denkmal tut es nicht, so muß es groß und herrlich seyn, wie ein Koloß, eine Pyramide, ein Dom in Köln."

Die Zeiten waren schwer, die Reaktion der Ära Metternich wollte kein freiheitliches Denkmal, und Sachsens König sah Napoleons Niederlage als ein Unglück für sein Land an. Erst im Jahre 1863 nahm man den Gedanken wieder auf. Anlässlich der 50-Jahrfeier, die zum III. Deutschen Turnfest in Leipzig stattfand, kam es sogar zu einer Grundsteinlegung. – Und dabei blieb es!

Spendenkarte des Deutschen Patriotenbundes vom Jahre 1899.
Der Denkmalsentwurf zeigt noch ein ganz anderes Gesicht als die spätere Ausführung

Im Jahre 1894 wurde in Leipzig der **Deutsche Patriotenbund** unter Leitung des Architekten Clemens Thieme (1861–1945) gegründet. Das Ziel: Bis zum Oktober 1913 ein Denkmal auf dem Schlachtfeld von 1813 entstehen zu lassen. Nach Anfangsschwierigkeiten gelang es, die Öffentlichkeit in Deutschland zu interessieren und Spendengelder zu bekommen – von der Pfennigspende der Schulkinder bis hin zu privaten Mitteln Kaiser Wilhelms II.

Schönes koloriertes Foto aus der Bauzeit des Denkmals um 1907. Im Vordergrund ein Triebwagen der GLSt (Große Leipziger Straßenbahn), wegen der Farbe ihrer Fahrzeuge „die Blaue" genannt. Es ist die Linie P, von Probstheida nach Lindenau. Links der Wasserturm des Vorortes Stötteritz in seiner ursprünglich-eleganten Form

Sonderstempel zur offiziellen Denkmalsweihe am 18.10.1913

Kampf um ein Denkmal

Völkerschlachtdenkmal

Festpostkarte zur Denkmalsweihe am 18. Oktober 1913

Die Ausschreibung zum Bau des Denkmals gewann Prof. Dr. Ing. Bruno Schmitz, der u. a. bereits das Kyffhäuserdenkmal und das Deutsche Eck entworfen hatte. Am 18. Oktober 1898 erfolgte der erste Spatenstich. Von diesem Ereignis wurde der letzte bekannte aktive Teilnehmer an der Schlacht, August Schmidt, in Wolgast informiert. Leider war er nicht mehr reisefähig. Mit 17 Jahren hatte der jetzt uralte Herr auf preußischer Seite gekämpft und war nun im 104. Lebensjahr! 1899 ist er verstorben. 1911 feierte man am Denkmalsbau Richtfest, und am 13. Mai 1912 hat Clemens Thieme, weit vor der gesetzten Frist, den Schlussstein eingefügt. – Der von Ernst Moritz Arndt erträumte Koloss war erstanden: 96 Meter hoch, wuchtig, wahrhaft monumental, Ehrfurcht gebietend. Und die zentrale Figur des Denkmals, der Erzengel Michael, steht auf dem geborgenen Grundstein von 1863.

Das Torhaus Dölitz, der einzige erhaltene Originalschauplatz der Völkerschlacht

Wussten Sie, dass dieses Denkmal nicht nur eines schrecklichen opferreichen Krieges gedenkt, sondern auch selbst in einen solchen verwickelt war? In den letzten Tagen des II. Weltkrieges besetzten die Amerikaner, weitgehend kampflos, die zerbombte „Reichsmessestadt". Das geschah am 18. und 19. April 1945. Lediglich im Völkerschlachtdenkmal hatte sich eine kleine zusammengewürfelte deutsche Einheit verschanzt, Hitlerjungen, einige SS-Leute und Wehrmachtsangehörige. Von dort feuerten sie auf die Amerikaner.
Die nahmen vom Dölitz aus das Denkmal unter Artilleriebeschuss, und bereits am nächsten Tag kapitulierte die Besatzung.

Angriff von Angehörigen der 69. Division der 1. US-Armee auf das vom Leipziger Vorort Dölitz aus sturmreif geschossene Völkerschlachtdenkmal. US-Militärfoto vom Nachmittag des 20.04.1945

Wenn ich ohm offn Denkmal bin, hab'ch geene Busde mähr.
Un ich'n Drehwurm, wenn'ch unden bin.

Eine fremde, faszinierende Welt

Russische Kirche

Dunkle, schwermütig anmutende Gesänge a capella von Mönchen dargeboten, fremd und wohlklingend, empfangen den Besucher der Russischen St.-Alexeji-Gedächtniskirche. Das interessante und in unseren Breiten außergewöhnliche Bauwerk gedenkt der russischen Opfer der Völkerschlacht. Mit 22 000 Gefallenen zahlten die Russen den höchsten Blutzoll aller damals beteiligten Nationen. Als das Russische Reich Verbindung mit Leipzig aufnahm mit dem Wunsch, hier eine Gedächtniskirche zu errichten, traf man auf offene Ohren. Kostenlos stellte die Stadt den Baugrund zur Verfügung und dazu mit Weidenbach und Tschammer zwei erfahrene Architekten. Nach den Plänen ihres russischen Kollegen Wladimir A. Pokrowski realisierten sie in einer heute nicht mehr vorstellbar kurzen Frist das eigenwillige sakrale Bauwerk.

Die Russische Kirche entstand in einer Bauzeit von 10 Monaten im Jahre 1913. Vorbild: Die Moskauer Christi-Himmelfahrtskirche. Die Kosten von einer Million Mark wurden vom Zarenreich aufgebracht.

In der Gruft befinden sich die Särge von drei gefallenen russischen Generalstabsoffizieren, zudem der eines unbekannten russischen Soldaten.
55 Meter hoch ist das Gotteshaus, geschmückt mit der goldglänzenden Zwiebelkuppel und dem Patriarchenkreuz. Zur Einweihung am 17. Oktober 1913 kam der Bruder des Zaren, Großfürst Kyrill, nach Leipzig.

Im Vordergrund, ganz in der Nähe der Russischen Kirche, die Deutsche Bücherei. Seit 90 Jahren Hort deutschen Schrifttums

Auch heute findet noch allwöchentlich unter Leitung eines Priesters ein russisch-orthodoxer Gottesdienst statt. Zu jeder anderen Zeit, außerhalb der kirchlichen Zeremonien, kann man unter freundlicher und kompetenter Führung diese Kirche, eine bedeutende Gedenkstätte der Völkerschlacht, besichtigen.

Blick in die Kirchenkuppel mit einem Teil der 18 Meter hohen Ikonastas, der Heiligenbilderwand und mit dem 72-schaligen prachtvollen Kronleuchter, gestiftet von Alexander II., dem letzten Zaren des Russischen Reiches

Was plätschert da?

Ein Spielzeug im Fluss

Das Schaufelrad im erst vor wenigen Jahren dank einer Bürgerinitiative wieder freigelegten Pleißefluss. Im Hintergrund das hervorragend restaurierte Reichsgericht (erbaut 1888–1895), heute Sitz des Bundesverwaltungsgerichtes

Da dreht sich fröhlich ein Schaufelrad in der Pleiße – falls genügend Wasser da ist! Nett, ein solches Spielzeug zur Freude der Kinder hier anzubringen. Das hübsche rote Schaufelrad hat aber durchaus auch eine Bedeutung: Es erinnert an eine Wassermühle, die sich über Jahrhunderte an dieser Stelle befunden hat. Das war die südlichste der vier Leipziger Stadtmühlen, die **Nonnenmühle**. Seit Mitte des 14. Jahrhunderts ist sie nachweisbar gewesen und war bis zur Reformation im Besitz des Georgen-Nonnenklosters. Brav vor sich hinklappernd arbeitete sie bis zu ihrem Ende, dem Abriss im Jahre 1890. Der neu anzulegenden Karl-Tauchnitz-Straße musste sie weichen.

Links die „Rote" und die „Schwarze", die beiden schlanken Wasserkünste, Schöpfwerke, die Flusswasser in die Stadt leiteten. Ihnen gegenüber, am anderen Ufer der Pleiße, die Nonnenmühle

Die älteste der Wassermühlen ist die **Angermühle** gewesen, die sich am Eingang der Rosentalgasse befand. Entgegen ihrer drei Schwestern nutzte sie nicht das Pleißewasser, sondern das des Elstermühlgrabens, dessen Flussbett sich übrigens noch heute unter der Jahnallee befindet!

Die historische Nonnenmühle wenige Jahre vor ihrem Abbruch, Foto um 1885

Die Anger- oder Jacobsmühle existierte bereits zur Zeit der Stadtgründung, also um 1165. Im Jahre 1898 wurde sie gemeinsam mit der **Barfußmühle** abgebrochen. Diese Mühle, um 1300 erbaut, hatte mit den Barfüßern, den Franziskanern, nie etwas zu tun. Der Name bezog sich nur auf die Lage in Klosternähe. Aus heutiger Sicht etwa der „Runden Ecke" gegenüber, dem Stasi-Museum am Dittrichring. Bleibt als vierte und letzte die **Thomasmühle**, gegenüber der Thomaskirche. 1287 wird sie beurkundet und bestand von den Mühlen am längsten; dort müllerte es bis 1940. Der oben stehende kleine Vers „Thomas ging ..." sollte es den Leipziger Kindern leichter machen, sich die vier Mühlen ihrer Stadt zu merken.

Thomas *ging* **barfuß** *mit einer* **Nonne** *über'n* **Anger**

Gedächtnisstütze: Thomas –, Barfuß –, Nonnen – und Angermühle

In jeder Miele gibt's ne scheene Millerin!
Pst! – Soll's Lenchen nich heern ...

Gesammeltes Wissen

Universitätsbibliothek

Erst vor kurzer Zeit gelang es, die von Bomben getroffene, in der DDR weiter verfallende Universitätsbibliothek in aufwendiger Restaurierung wieder in alter Schönheit und umfassender Nutzung aufleben zu lassen.

Zeichnung noch zur Bauzeit, aus dem Jahre 1891. Ganz rechts ist eine Ecke des Gewandhauses sichtbar, kriegszerstört beim Bombenangriff im Dezember 1943

Einem der fähigsten Baumeister im Leipzig der Kaiserzeit ist das großartige Haus zu verdanken. Arwed Roßbach (1844-1902), Stadtrat und Ehrendoktor der Universität, schuf in einer Bauzeit von nur drei Jahren (1888 bis 1891), die UB. Die 107 Meter lange Fassade des Gebäudes ist schlossartig gegliedert und bildkünstlerisch reich ausgestattet.

Besonders interessant ist die Gestaltung des linken Giebels. Finden sich doch hier figürlich und als Medaillons die vier wichtigsten Persönlichkeiten aus der Frühzeit der Universität: **Johann Otto von Münsterberg**, erster gewählter Rektor der am 2. Dezember 1409 im Refektorium des Thomasklosters gestifteten Leipziger Universität.
Friedrich der Streitbare, Markgraf von Meißen, ab 1423 Kurfürst von Sachsen, der Stifter. Bis 1918 verblieb die Leipziger Alma mater Landesuniversität der wettinischen Regenten.
Kaspar Borner, Rektor der Universität zur Reformationszeit. Er legte den Grundstock für den Fundus der Universitätsbibliothek, indem er die Handschriften und Bücher der säkularisierten Klöster für die Universität sicherte. Und Borner war es, der bei seinem Landesherrn um die Nutzung des Paulinerklosters der Dominikaner für die Universität nachsuchte.
Herzog und Kurfürst Moritz von Sachsen. Er stellte 1543 seiner Landesuniversität die erbetenen ehemaligen Klosteranlagen samt der Paulinerkirche zur Verfügung.
Wie viele der in die Hunderte gehenden täglichen Leser werden von den hier vorgestellten Personen wissen und ihnen einen Gedanken schenken? ...

Die linke Seite des Giebels mit Medaillons und Skulpturen von Persönlichkeiten der Geschichte der Universität

Die in alter Pracht hervorragend restaurierte Halle

Die, mit den „Bierochsen"

Die Riebeckbrauerei

Da liegt im Leipziger Osten in der kleinen Rubensstraße beim Kinderkrankenhaus ein Gleis im Pflaster. Schon lange. Seltsam, hier ist doch nie eine Straßenbahn gefahren. Und die Spurweite!? – Ganz anders:
Im Jahre 1874 bekam der Osten Leipzigs Eisenbahnanschluss. Die Strecke nach Eilenburg wurde eröffnet. Und die nahe gelegene Riebeckbrauerei zahlte sofort und hocherfreut einen Gleisanschluss für ihr Betriebsgelände. Riebeckbier per Specialwaggons in alle Welt!

Das Gleis im Pflaster der Rubensstraße, mit Blick zum Brauhaus

Diese Wagen verfügten, mittels Feuchtigkeit und Fahrtwind, über ein raffiniertes Kühlsystem.

Nun gibt es dort schon seit geraumer Zeit keine Eisenbahn, keinen Bahnhof mehr und nur das Gleisstück in jener kleinen Straße zeugt noch heute von ehemaliger Verkehrsanbindung.
Riebecks hatten also Anschluss an die Königlich Sächsische Staatsbahn, eine Verschiebelok sollte den Transport vom und ins Werk übernehmen. Alles bestens – und alles war aus!

Die Bauaufsicht beanstandete das hohe Gewicht der Maschine im Hinblick auf die Belastung der Kanalisation. Ihr Einsatz wurde behördlich verboten. Versuche, die Waggons mit Pferden zu bewegen, schlugen fehl. Die Tiere erwiesen sich als zu schwach im Anziehen. Dazu musste man die in dieser Disziplin kräftigeren Ochsen einspannen.
Zur Freude der Kinder, unter Glockengebimmel des Vorgängers und mit flotten 3 kmh, rollte „Merke dir Riebeckbier – Marke ersten Ranges" über die 200-Meter-Strecke. Hoch betagte Leipziger wissen noch, dass es in der Kurve quietschte. Und wie das aussah, zeigt das reizende, in allen Teilen funktionstüchtige Modell.

Die alte Riebeck-Brauerei um 1900.
Zu DDR-Zeiten VEB Sachsenbräu, heute Brauhaus zu Reudnitz

Der „Spezialwaggon" mit vollem Personal: zwei Hofarbeiter, zwei Ochsen. Modell: Otto Künnemann sen.

Nee, is das niedlich, mit die Dierchen.
Bloß Ochsen derft'n se nich heeßen –
das is doch for die enne Beleidchungk!

Ein trauriger Roman

Franz Conrad Romanus

Leipzigs Bürgermeister Franz Conrad Romanus (1671–1746)

Welch ein Prachtbau – das Romanushaus, Ecke Brühl und Katharinenstraße. Es ist das schönste Bauwerk des bürgerlichen Barock in Leipzig, das Meisterwerk des Gregor Fuchs aus Ortrand, zuvor selbständiger Maurermeister in Dresden. In solch einem Haus kann ja nur ein glücklicher Besitzer leben! Vielleicht – aber wenn überhaupt, ganze 14 Tage lang…

Das Romanushaus, Katharinenstraße 23, erbaut 1701–1704

Im Jahre 1701 bekam Leipzig vom Landesherrn, dem Kurfürst-König August dem Starken, einen neuen Bürgermeister aufoktroyiert: Seinen Günstling, den erst 30 Jahre alten **Franz Conrad Romanus**, der sich als Staatsbeamter in Dresden bereits verdient gemacht hatte.
Obwohl es sich hier um einen gebürtigen Leipziger handelte, waren die betagten Herren des Rates keineswegs begeistert. Das sollte sich bald ändern. Unter Romanus wurden beachtliche, die Stadt fördernde Neuerungen eingeführt. So bekam das erste Leipziger „Nahverkehrsmittel" die Konzession, die Chaisenträger-Compagnie, Leipzig erhielt mittels zahlreicher Öllampen eine Stadtbeleuchtung und das erste Einwohnerverzeichnis einer deutschen Stadt erschien hier.
Bürgermeister Romanus, jung, lebenslustig und leichtsinnig, kunst- und prachtliebend, wirtschaftete geschickt zugunsten seines hohen Herrn, und das nicht immer mit lauteren Mitteln. Freilich hatte er auch seine Bedürfnisse – und keine kleinen. „König von Leipzig" ließ er sich gern schmeicheln. Allein sein wachsendes Stadtpalais verschlang Unsummen! Was lag näher, als auch ein wenig in die eigene Tasche zu wirtschaften …

Kurz vor Weihnachten im Jahre 1704 konnte er sein prachtvolles Haus beziehen. Während der Neujahrsmesse 1705, nur zwei Wochen später, wurde Franz Conrad Romanus verhaftet. Wegen Betrug, Diebstahl und Urkundenfälschung erhielt er nun ein ganz anderes Logis. Im sächsischen Staatsgefängnis auf dem Königstein.
Der bedauernswerte Ex-Bürgermeister verbrachte dort den Rest seiner Tage – **und das waren noch rund 15 000 oder fast 42 Jahre!!!**

Der Leipziger „Ratsmaurermeister" Johann Gregor Fuchs (1650–1715), Selbstbildnis als Fensterschlussstein im Innenhof des Romanushauses

Eine Leipziger Landratte begründet die Kriegsmarine

Karl Rudolf Bromme

Karl Rudolf Bromme (1804–1860)

Ein schlichter Stein in Leipzig-Reudnitz, leicht zu übersehen und auch unter Einheimischen kaum bekannt, erinnert an das Geburtshaus eines Mannes, der zu seiner Zeit sehr populär war und heute fast vergessen ist: **Karl Rudolf Bromme,** genannt Brommy.
Beinahe schon kurios: Eine Leipziger Landratte wird zum erfolgreichen Seemann. Denn ihn, den sächsischen Seeoffizier, betraute die Deutsche Nationalversammlung zu Frankfurt am Main im Jahr 1848 mit der Schaffung einer deutschen Kriegsmarine.

Poststempel von Leipzig-Reudnitz vom 5.12.1898

Keinen Unwürdigen berief das hohe Gremium. Der Leipziger diente in der US-Kriegsmarine, hatte als Kommandant eines Kriegsschiffes am Freiheitskampf der Griechen teilgenommen und half ruhmreich, die Türken zu schlagen. Und ein bedeutendes Werk über den Seekrieg entstammt seiner Feder. Nun war es ihm vergönnt, auch den deutschen Ländern, die sich zu vereinen suchten, zu einer kampfbereiten und gegen das aggressive Dänemark benötigten Flotte zu verhelfen. Karl Rudolf Bromme kaufte im Ausland Schiffe, warb erfahrene Mannschaften und Offiziere an und erfüllte seine Aufgabe hervorragend. In einem Seegefecht gegen die Dänen bestand seine Flotte die Feuertaufe. Parlament und Kommandeur waren sehr zufrieden. Aber wir wissen, der Demokratieversuch Frankfurt scheiterte und die Reaktion trug den Sieg davon. Die deutsche Flotte, die Brommy mühsam aufgebaut hatte, ging sozusagen moralisch unter. 1852 wurden die Schiffe versteigert.
Ihr Kommandeur zerbrach daran: Im Alter von nur 56 Jahren ist Admiral Karl Rudolf Bromme in Bremen verstorben. Seinem Sarg, bedeckt mit der Schwarz-Rot-Goldenen Flagge, folgten kaum ein Dutzend Leute.

Der 1939 eingeweihte Gedenkstein, der vom Leipziger Bildhauer Hans Zeißig geschaffen wurde.

Brommes Geburtshaus auf der Breiten Straße in Reudnitz, das damals noch „bei Leipzig" lag. Die Eingemeindung erfolgte 1889.

Mit sächsischem Freiheitshelden

Großzschocher

Theodor Körner (1791–1813)

Theodor Körner (1791–1813), Sachsens bekanntester Freiheitsheld im Kampf gegen die napoleonische Fremdherrschaft, erlitt als Lützowscher Jäger bei Kitzen, südwestlich von Großzschocher, eine schwere Verwundung. Beim Gärtner Häußer fand er erste Hilfe. Man schmuggelte den Verwundeten auf einem Boot nach Leipzig, zur Familie des Arztes Dr. Wendler. Dort pflegte man Theodor liebevoll, ungeachtet der Gefahr, von den Franzosen entdeckt zu werden. Doch nur wenige Wochen nach seiner Genesung ereilte den jugendlichen Freiheitsdichter sein Schicksal – am 26. August 1813 fiel er bei Gadebusch.

In einem halben Jahrhundert gewachsenes Wäldchen. Nur noch betagte Einwohner wissen, was sich unter dem Hügel verbirgt.

Nochmals ein Hügel (Foto links) und Sie ahnen nichts Gutes? Richtig! – Darunter befinden sich die Überreste vom Schloss Großzschocher, ehemals Sitz derer von Dieskau und von Ponickau. Bereits durch Bombardierung geschädigt, nutzte man es noch als Kindergarten. Da keine Mittel zur notwendigen Sanierung bereitgestellt werden konnten, löste man das Problem mit einem Knall: mit der Sprengung des alten Herrschaftssitzes im Jahr 1954!

Die Gemeinde Großzschocher galt zu recht als eines der wohlhabendsten Dörfer in der Leipziger Amtshauptmannschaft.
Die attraktive Lage inmitten von Wald und Wasser ließ Großzschocher zu einem frühen Leipziger Ausflugsziel werden. Gemeinsam mit Windorf erfolgte am 1. Januar 1922 die Eingemeindung zur Stadt Leipzig.

Die Gedenktafel an dem erhaltenen „Körnerhaus", wo der verwundete Theodor erste Hilfe gefunden hatte

Eine Institution für Großzschocher: Müllers Weinhandlung Am Brunnen. Der Wirt und Inhaber, Weinexperte mit Mutterwitz und Charme, in seinem Reich, dem „Kneipchen"

Das Schloss auf einer Ansichtskarte von 1912

Über verlorenes Land

Südlich der Stadt

Das Dorf Zeschwitz, südlich des ebenfalls vernichteten Harth-Waldes, war eines der ersten Opfer des Braunkohlenabbaus.

Blick über das Grubengelände zum Kraftwerk Lippendorf, das auch heute noch in Betrieb ist – als modernstes Braunkohlen-Kraftwerk in Europa. Es soll frei von Schadstoffausstoß sein.

Wenn wir uns von Großzschocher aus südlich wenden, erreichen wir bald **„das Ende der Welt"** – die den Mondkratern nicht unähnliche Leipziger Tagebaulandschaft.
Als man vor 80 Jahren begann, die hier lagernden reichen Braunkohlevorkommen industriell zu nutzen, hätte wohl niemand geglaubt, dass dem Abbau einmal 18 Gemeinden und Leipzigs einziger Nadelwald zum Opfer fallen würden.
In der DDR stieg der Bedarf am einzig verfügbaren Energieträger rapide an. Um die gesamten in geringer Tiefe lagernden Kohleflöze auszubeuten, wurde von den fünfziger bis zu den achtziger Jahren gnadenlos abgeholzt, abgerissen, der Grundwasserspiegel abgesenkt, die Luft mit Kraftwerksabgasen und die Flüsse mit Industrieabwässern verseucht.

Der vielleicht schönste und „wertvollste" Ort, der Opfer des Braunkohleabbaus wurde, ist wohl das uralte Eythra gewesen. Es wurde bereits im Jahre 968 als Itera erwähnt. An die 3000 Menschen haben hier ihre Heimat verloren.

Heute ist man bemüht, mit einem langfristigen Programm der Renaturierung, Aufforstung und zahlreichen großen Tagebauflutungen der Natur zurück zu geben, was ihr genommen wurde. Ein tausendjähriges Eythra zurückzugewinnen, ist freilich nicht möglich ...

So äh triewes Ende hätte der ooch nich machen missen ...
Nee, weeß Kneppch'n nich.
Awwer alles in all'm - scheen war's!
Bisd ooch dapfer geloofen, Lenchen.

Cröbern am lieblichen Göselbach, südlich von Markkleeberg, war, gemeinsam mit Crostewitz, eines der letzten Dörfer, die der Abrissbirne und den Abraumbaggern zum Opfer fielen.